AF302642

Analyse de l'œuvre

Par Marine Everard
et Johanna Biehler

Feuillets d'Hypnos

de René Char

lePetitLittéraire.fr

Rendez-vous sur lepetitlitteraire.fr et découvrez :

Plus de 1200 analyses
Claires et synthétiques
Téléchargeables en 30 secondes
À imprimer chez soi

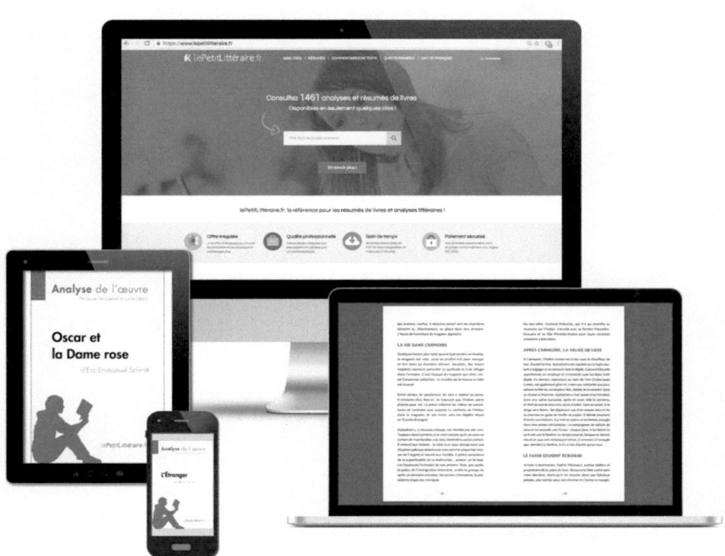

RENÉ CHAR

POÈTE FRANÇAIS

- **Né en 1907 à L'Isle-sur-la-Sorgue (Vaucluse)**
- **Décédé en 1988 à Paris**
- **Quelques-unes de ses œuvres :**
  - *Le Marteau sans maître* (1934), recueil de poésie
  - *Fureur et Mystère* (1948), recueil de poésie
  - *La Parole en archipel* (1962), recueil de poésie

Surréaliste à ses débuts, compagnon d'André Breton (écrivain français, 1896-1966), de Paul Éluard (poète français, 1895-1952) et de Louis Aragon (écrivain français, 1897-1982), René Char s'émancipe et devient un poète à part, le poète de la révolte et de la liberté selon Albert Camus (écrivain français, 1913-1960), avec lequel il entretint une profonde amitié. Pendant la guerre (1939-1945), René Char refuse de publier et devient le capitaine Alexandre, une haute figure de la Résistance armée contre l'occupant nazi. De cette expérience sont issus les *Feuillets d'Hypnos*, publiés en 1946.

Dans les décennies qui suivent, il se consacre à la poésie. Ses formes d'écriture privilégiées sont l'aphorisme, le fragment ou le poème en prose, une « parole en archipel » selon le titre de l'un de ses recueils de poèmes. Sa poésie, profonde et exigeante, peut parfois paraitre difficile au premier abord.

FEUILLETS D'HYPNOS

UNE RÉACTION À L'ABSURDITÉ DU MONDE

- **Genre :** recueil de poésie
- **Édition de référence :** « Feuillets d'Hypnos (1943-1944) », in *Fureur et Mystère*, Paris, Gallimard, coll. « Folioplus classiques », 1962, 234 p.
- **1ʳᵉ édition :** 1946
- **Thématiques :** Seconde Guerre mondiale, Occupation, Résistance, France, autobiographie

Feuillets d'Hypnos est un recueil de poésie que René Char dédie à Albert Camus et qu'il compose à partir de ses carnets de notes de maquisard – c'est-à-dire de résistant. Écrits entre 1943 et 1944, les 237 fragments qui forment le recueil sont publiés pour la première fois en 1946, dans une collection dirigée par Albert Camus lui-même chez Gallimard et intitulée « Espoir ».

En 1948, les « Feuillets » intègrent le recueil *Fureur*

et Mystère, qui regroupe les poèmes composés entre 1938 et 1947. Dans ces feuillets fragmentaires et circonstanciels, René Char rend compte et interroge son expérience de combattant ainsi que son engagement dans la Résistance. Passée au crible de l'écriture poétique, la réflexion s'attache également à sauver la beauté du monde et les valeurs humaines en cette période assombrie par la mort et la guerre.

RÉSUMÉ

ESTHÉTIQUE DU FRAGMENT

Les *Feuillets d'Hypnos* se composent de 237 fragments que l'on peut regrouper selon différents angles d'approche, qu'ils soient thématiques (les fragments narratifs se distinguent des fragments réflexifs) ou formels (les poèmes en prose, ou longs fragments, se distinguent des fragments aphoristiques, ou fragments très brefs).

Des fragments anecdotiques et épisodiques

Les évènements (mentionnés ou narrés) et les instantanés, les bribes de dialogue, mots ou images saisis, à mi-chemin entre anecdote et réflexion : « Ketty, la chienne, prend autant de plaisir que nous à réceptionner. Elle va de l'un à l'autre sans aboyer, en connaissance hardie de la chose. Le travail terminé, elle s'étale heureuse sur la dune des parachutes et s'endort. » (fragment 167)

Des fragments de réflexion

Ceux-là sont plus ou moins développés, plus ou moins poétiques, au sens plus ou moins obscur, portant sur l'action et l'engagement, sur la poésie, sur l'homme et sur le mal, sur les configurations politiques de l'époque, sur l'avenir, etc. Ces fragments se présentent sous deux formes :

- certains sont relativement développés et adoptent les caractéristiques formelles du poème en prose (« Viendra le temps où les nations sur la marelle de l'univers seront aussi étroitement dépendantes les unes des autres que les organes d'un même corps, solidaires en son économie », fragment 127) ;
- d'autres sont resserrés, condensés en une ou deux lignes, parfois même en une phrase nominale ou infinitive (« Amer avenir, amer avenir, bal parmi les rosiers... », fragment 21).

Des fragments descriptifs

L'auteur décrit des résistants ou des paysages. Par exemple, au fragment 175 : « Le peuple des prés m'enchante. Sa beauté frêle et dépourvue de venin, je ne me lasse pas de me la réciter. »

On trouve aussi un seul poème en vers libre – non soumis aux règles de la versification classique – (fragment 221) intitulé « La Carte du soir » (le texte est disposé sur la page de façon particulière en reprenant une disposition en vers). Enfin, « La Rose de chêne », un court texte, autonome (en dehors de la numérotation), clôt le recueil, rebondissant sur le thème du dernier fragment, à savoir la beauté.

L'EXPÉRIENCE DE LA GUERRE

Les fragments ont tous pour toile de fond plus ou moins lointaine les circonstances de l'Occupation (1940-1944) et de la Résistance. Ainsi, l'auteur raconte dans les *Feuillets* sa vie au sein des résistants, dans le maquis, et le quotidien des combattants.

Il évoque les réceptions de colis et de visiteurs par voie aérienne (fragments 53, 97, 148), sa chute grave tandis qu'il récupérait des armes cachées dans une chapelle (fragment 149, daté d'avril 1944), l'exécution de B. le 22 juin 1944 (fragment 138), les embuscades – notamment celle qui couta la vie à Robert G. en mai 1944 (fragment 157) –, la fouille de Céreste

(Alpes-de-Haute-Provence) par les Allemands le 29 juin 1944 (fragment 128), la torture d'un « pauvre infirme » par les miliciens (fragment 99, daté de novembre 1943), l'attaque d'une colonne ennemie par René Char et ses hommes (fragment 121), l'exécution d'un traitre (fragment 14), les visites à l'imprimeur Marius Bardoin (fragment 17), etc.

Il dépeint également ses compagnons de lutte et en fait le portrait, que ce soit au travers de la retranscription de dialogues ou par le biais d'une description : celui de Passereau, qui veut supprimer les dimanches (fragment 15) ; celui de Léon, qui « affirme que les chiens enragés sont beaux » (fragment 27), celui d'Archiduc, qui se confie sur son engagement (fragment 30) ; celui d'un officier qui s'étonne du parler des hommes de René Char (fragment 61) ; celui de Minot, qui se demande ce qu'il fera après la guerre (fragment 64) ; celui d'Armand, « le météo » (fragment 67).

Les *Feuillets* contiennent aussi le conseil du poète à Carlate, « qui divaguait » (fragment 76), les portraits de François, nostalgique du café (fragment 89), de Félix face au serpent (fragment 94), de Claude et les femmes (fragment 117), d'Olivier le Noir, qui nettoie le sang sur son révolver (fragment 217), de Roger Chaudon (fragment 231) ou encore d'Émile Cavagni, l'homme qui « faisait dévier les catastrophes » (fragment 157).

UNE POÉSIE RÉFLEXIVE

Mais dans ce recueil, l'auteur ne se borne pas à raconter sa vie lors de la Seconde Guerre mondiale et parmi les résistants ; il s'interroge aussi sur ce moment de sa vie. On trouve principalement ces interrogations dans les fragments de réflexion : par exemple, le fragment 220 anticipe le désenchantement de la Libération – le poète redoute l'oubli et le gâchis. Le fragment 186, quant à lui, interroge la condition des hommes : « Sommes-nous voués à n'être que des débuts de vérité ? » Il y a une nécessité de rétablir la vérité quant à la résistance et aux hommes qui ont participé à ce mouvement.

En somme, les *Feuillets d'Hypnos* contiennent une réflexion qui porte sur les liens fraternels qui se créent entre les hommes lorsqu'il s'agit de défendre un territoire ou des valeurs communes. Celle-ci est parfois exprimée en des termes quelque peu grossiers ou naïfs, car le poète ne porte pas toujours un regard bienveillant sur ses camarades ; il reconnait en effet que « la qualité des résistants n'est pas, hélas, partout la même » (fragment 65). Le recueil étant paru quelques années après la fin de la guerre, René Char est amer face aux tentatives de déformation des actes de la Résistance dans l'opinion publique qui ont été faites à cette époque. Le poète, qui a vu le meilleur et le pire de l'homme, pose un regard désenchanté sur l'être humain.

ÉCLAIRAGES

CONTEXTE HISTORIQUE ET GÉOGRAPHIQUE : TRAJECTOIRE D'UN POÈTE COMBATTANT

Ces pages sont écrites dans le contexte de la Seconde Guerre mondiale et plus particulièrement de l'Occupation de la France par les troupes allemandes. Une résistance armée, intérieure et clandestine, s'est organisée, refusant l'armistice signé par le maréchal Philippe Pétain (maréchal de France et homme d'État français, 1856-1951) et le régime de Vichy (1940-1944), qui mène une collaboration d'État avec l'occupant nazi (en participant notamment à la déportation des Juifs).

LA RÉSISTANCE

Durant la Seconde Guerre mondiale, l'Allemagne nazie poursuit son expansion. Hitler cherche à créer un grand Reich auquel serait soumise, idéologiquement et économiquement, l'Europe. Partout, des actes de résistance sont initiés, d'abord de façon isolée, puis de manière plus organisée. Les objectifs de la Résistance sont clairs : soutenir l'effort de guerre par le sabotage, le renseignement, l'aide aux combattants.

Les membres de ce mouvement cherchent aussi à protéger les catégories stigmatisées par les autorités allemandes (Juifs, communistes, etc.) et informent la population grâce à une presse clandestine ou par la diffusion de tracts. En France, la Résistance a deux ennemis désignés : l'occupant allemand et les collaborationnistes.

En zone libre, le mouvement peut s'organiser en réseaux et prend place dans les maquis. Ces différentes organisations seront un appui pour la Libération du pays. C'est le préfet Jean Moulin (1899-1943) qui est chargé d'unifier les différents groupes et de créer le Conseil national de la Résistance.

Sur cette toile de fond, la trajectoire de René Char est sans équivoque. Démobilisé en 1940, il entre dans la clandestinité et se base dans le village de Céreste, commune des Basses-Alpes située dans l'actuel parc naturel régional du Luberon, à partir duquel il organise un vaste réseau d'action clandestine dans l'arrière-pays provençal.

Au printemps 1942, René Char est nommé chef du secteur Durance-Sud de l'Armée secrète – regroupement de résistants français – et prend pour nom Alexandre (en référence au héros antique). Quand en novembre 1942, les Allemands envahissent la zone libre (en 1940, à l'issue de l'armistice, la France avait été partagée en une zone occupée et une zone libre), la Gestapo – la police politique nazie – s'installe dans la région.

En septembre 1943, René Char est intégré dans les Forces françaises combattantes au grade de capitaine. Il dirige la SAP (Section atterrissage et parachutage) des Basses-Alpes, responsable de la réception et de la distribution des armes et du matériel lâchés par les avions alliés, la nuit, dans le maquis.

En juillet 1944, il est appelé à Alger, où il occupe la fonction d'officier de liaison et entraine les parachutistes. À la Libération, il prend ses distances et retourne définitivement à la poésie, désenchanté par le contexte politique d'après-guerre (troubles post-Libération, épuration des collaborationnistes, déformation des actes de la Résistance par l'extrême droite, etc.).

DU CARNET AUX *FEUILLETS* : LA GENÈSE DU RECUEIL

Les *Feuillets d'Hypnos* s'inscrivent dans un contexte historique et géographique très précis, celui des actions de la SAP autour de Céreste dans les années 1943 et 1944. À cette époque, René Char est un combattant avec des responsabilités de chef et de meneur d'hommes ; il tient un journal qui lui sert de carnet de bord, et dans lequel il inscrit ses réflexions, mais aussi des informations en lien direct avec les combats et l'action clandestine (renseignements topographiques, remarques sur les hommes, dépenses effectuées, tâches à accomplir, etc.) En juillet 1944, tandis qu'il part pour Alger, il enfouit le carnet et le déterre à son retour.

Puis c'est en 1945 qu'il le transforme en recueil poétique : le journal devient des « feuillets » dont l'écriture est attribuée à Hypnos (divinité du sommeil dans la mythologie grecque). Le carnet subit un travail de recomposition : le poète élague ou développe, recrée l'ordre des fragments et abandonne la plupart des notations techniques ou organisationnelles. Il détruit le carnet original, ne gardant qu'une page en guise d'échantillon de ce que fut la matière concrète à partir de laquelle sont nés les *Feuillets* en tant qu'œuvre littéraire.

DES PERSONNAGES RÉELS

De nombreux fragments évoquent des visages amis et sont consacrés aux compagnons du poète dont il souffre parfois la perte, dont il salue le courage et l'engagement, et dont il rapporte également les paroles dans des instantanés de vie et d'émotion :

- au fragment 11, « l'Élagueur » est Francis Curel. Fils d'un cantonnier communiste, ami d'enfance du poète, il est arrêté en 1943 à L'Isle-sur-la-Sorgue, puis déporté à Linz, en Autriche. Le poète est sans nouvelles, tandis qu'il écrit ces lignes. Francis Curel revient de déportation en 1945. Il s'éteint en 1965 ;
- aux fragments 27, 87 et 148, L. S. ou Léon Saingermain, de son vrai nom Pierre Zyngerman (1921-2004), est un résistant formé

militairement à Londres et parachuté dans les Basses-Alpes. Il est le lieutenant, le principal adjoint de René Char ;

- au fragment 30, « l'Archiduc » est Camille Rayon, le commandant en chef des atterrissages et parachutages de la région Provence-Alpes-Côte d'Azur, qui comprend les Basses-Alpes ;
- au fragment 65, François Cuzin est un résistant du réseau des Basses-Alpes, responsable FFI (Forces françaises de l'intérieur) et membre du comité régional de Libération. Né en 1914, il était professeur de philosophie à Digne-les-Bains (Alpes-de-Haute-Provence) où il a rejoint le maquis en 1943. Il fut arrêté, torturé et exécuté en juillet 1944 ;
- aux fragments 138 et 146, « B. » ou « Roger » désignent le jeune poète Roger Bernard (1921-1944), compagnon de maquis de René Char, fusillé sur la route de Céreste par les Allemands le 22 juin 1944, à l'âge de 23 ans. Les deux fragments évoquent son exécution, sous le regard impuissant de ses compagnons ;
- au fragment 222, la « renarde » est Marcelle Sidoine, une amie du poète, chez qui il se réfugia à Céreste.

D'autres résistants sont encore mention-
nés, comme Arthur le Fol (fragment 9),
Olivier le Noir (fragment 217), le docteur
Grand Sec (fragment 149), Robert G. – Émile
Cavagni – (fragment 157), etc.

CONTEXTE ARTISTIQUE ET LITTÉRAIRE

À la fin de l'année 1929, René Char quitte sa
Provence natale pour se rendre à Paris où il
rencontre Louis Aragon, André Breton et adhère
au mouvement surréaliste. Le surréalisme est
un courant artistique plastique et littéraire
qui cherche à libérer la pensée des contraintes
rationnelles et des idées reçues. Pour ce faire,
les surréalistes privilégient ce qui est considéré
comme des modes d'expression de l'inconscient :
les rêves, l'écriture automatique, etc.

Pendant quatre ans, René Char s'associe aux
diverses manifestations organisées par les
poètes surréalistes (bagarres, distribution de
tracts, etc.). Puis, peu à peu, il prend ses dis-
tances avec le mouvement, sans toutefois renier
son amitié avec Paul Éluard, qui ne lui correspond

plus. La lecture des présocratiques (les premiers philosophes Grecs), d'Arthur Rimbaud (poète français, 1854-1891) et Lautréamont (poète français, 1846-1870) le pousse à explorer une poésie plus personnelle, sans toutefois renoncer à une certaine forme d'engagement. En 1937, il écrit *Placard pour un chemin des écoliers* dédié aux enfants massacrés durant la guerre d'Espagne (1936-1939).

CLÉS DE LECTURE

LA SYMBOLIQUE D'HYPNOS

Dans la mythologie grecque, Hypnos est le dieu du sommeil, fils de Nyx, la nuit, et frère jumeau de Thanatos, la mort. En exergue des *Feuillets*, on trouve une épigraphe sous forme de court récit mythologique : « Hypnos saisit l'hiver et le vêtit de granit. L'hiver se fit sommeil et Hypnos devint feu. La suite appartient aux hommes. » Le titre et cette épigraphe constituent un dispositif métaphorique et allégorique qui fonde l'unité du recueil. La nuit est en effet la métaphore de l'occupation nazie, de la guerre, de l'idéologie fasciste à l'œuvre dans les sphères du pouvoir et de l'administration.

Pris dans les « ténèbres hitlériennes » (fragment 178), des héros ordinaires se fient au « point d'or [...] qui tient éveillés le courage et le silence » (fragment 5). Les activités de la SAP sont nocturnes, éclairées par la lune, « le feu d'Hypnos », qui symbolise la lumière de l'espérance et la résistance des valeurs humaines dans ce contexte sombre : « Résistance n'est qu'espérance. Telle la lune d'Hypnos, pleine cette nuit de tous ces quartiers, demain vision sur le passage des poèmes. » (fragment 168) Ainsi, le sommeil (la France fait une sieste, fragment 24) et l'insomnie (les heures ne peuvent bâillonner le glas de minuit, fragment 25), les ténèbres et la lumière, fondent l'espace symbolique du recueil.

Hypnos représente également le sommeil du poète, qui refuse de publier pendant toute la durée de la guerre, même dans les revues clandestines, se consacrant plutôt à ses « devoirs infernaux » (fragment 106). Ainsi, la poésie des *Feuillets*, bien que de circonstance, n'est pas une poésie engagée au sens où l'entendent alors des poètes comme Paul Éluard ou Louis Aragon, qui prônent une résistance intellectuelle au nazisme et font de leurs poèmes des armes.

Le poète met également en sommeil son désir de vivre et de sentir (« L'insensibilité de notre sommeil est si complète », fragment 193) face à la nécessité de l'action. René Char, en se cachant derrière la figure d'Hypnos, dépersonnalise les *Feuillets*, qui pourraient dès lors « n'avoir appartenu à personne », dit-il (p. 7). Il y a une mise à distance : ce ne sont pas les feuillets du capitaine Alexandre, le combattant, celui qui donne la mort, mais ceux d'Hypnos, le frère jumeau de la mort, qui maintient vivante l'espérance, qui veille sur la nuit et, par extension, sur l'humanité.

Pourtant les deux figures, celle du poète (qui veille la vie) et celle du combattant (qui lutte pour l'avenir, l'arme à la main : « Face à tout, à tout cela, un colt, promesse de soleil levant ! », fragment 50), sont présentes dans le recueil et participent à l'acte de résistance.

ALEXANDRE

Quand il entre dans la clandestinité en 1941, René Char prend pour nom de guerre Alexandre en hommage à Alexandre « le Grand ». Ce héros de l'Antiquité (356 av. J.-C.-323 av. J.-C.) était roi du royaume de Macédoine. En seulement une dizaine d'années, il a conquis l'Empire perse et créé de nombreuses cités (Alexandrie, Pergame, etc.) afin de faire fusionner la culture grecque et les cultures dites orientales. Cela a abouti à la création de la culture hellénistique qui commence à la mort d'Alexandre et se termine avec le suicide de Cléopâtre (69 av. J.-C.-30 av. J.-C.), reine d'Égypte qui refusa la domination romaine.

Le poète a en commun avec le conquérant grec qu'il fut un grand combattant et un véritable meneur d'hommes dont les différentes missions durant la Résistance ne se sont jamais soldées par un échec.

LA DÉDICACE À CAMUS

René Char dédie son recueil à Albert Camus. Les deux hommes se sont rencontrés en 1945 et ont entretenu une longue amitié. Camus, directeur de la collection « Espoir » chez Gallimard, veut publier les poèmes de René Char, qu'il qualifie de « plus grand poète vivant » (CAMUS A., *Essais*, Paris, Gallimard, coll. « Bibliothèque de la Pléiade », 1965, p. 1163). Dans la préface qu'il rédige pour l'édition allemande des *Poésies* (1959), il décrit ainsi les liens entretenus par le poète avec l'histoire et l'écriture :

« Char, aux prises, comme nous tous, avec l'histoire la plus enchevêtrée, n'a pas craint d'y maintenir et d'y exalter la beauté dont l'histoire justement nous donnait une soif désespérée. Et la beauté surgit des ses admirables *Feuillets d'Hypnos*, brûlante comme l'arme du réfractaire, rouge, ruisselante d'un étrange baptême, couronnée de flammes. » (*ibid.*, p. 1166)

Si Albert Camus a développé une philosophie de la vie dite absurde – l'absurde étant le sentiment que l'homme éprouve quand il prend conscience que les nombreuses questions qu'il peut se poser sur lui-même ou sa place dans le monde ne recevront jamais de réponse –, René Char quant à lui, dans ses *Feuillets d'Hypnos*, emploie également le mot « absurde », par exemple dans le fragment 227 : « L'homme est capable de faire ce qu'il est incapable d'imaginer. Sa tête sillonne la galaxie de l'absurde. »

Il va d'ailleurs plus loin que Camus en indiquant que la poésie seule peut donner du sens au monde : « La poésie domine l'absurde. Elle est l'absurde suprême [...]. Elle est l'inconstance dans la fidélité. Elle avoisine l'isolé. » (CHAR R., *Œuvres complètes*, Paris, Gallimard, coll. « Bibliothèque de la Pléiade », 1983, p. 608). En somme, là où Camus estime que l'homme doit affronter le non-sens et la solitude de sa condition humaine, Char pose que l'écriture (et peut-être plus généralement les arts) est le seul moyen de surmonter ce sentiment d'impuissance absolue.

L'ESTHÉTIQUE FRAGMENTAIRE

L'écriture éclatée, par jets, des *Feuillets* est pour partie le résultat des circonstances dans lesquelles elle s'élabore. Le poète nous dit que « ces notes furent écrites dans la tension, la colère, la peur, l'émulation, le dégoût, la ruse, le recueillement furtif, l'illusion de l'avenir, l'amitié, l'amour » (p. 7). Il subit les contraintes dues à ses obligations de commandant et les multiples affects de cette période troublée ; il énonce encore au fragment 31 : « J'écris brièvement. Je ne puis guère m'absenter longtemps. » L'écriture poétique entre ainsi en conflit avec les impératifs d'action directe et d'utilité concrète.

Pourtant, malgré « l'imagination dévastée » (fragment 52), le capitaine Alexandre s'efforce d'écrire, de « conserver, malgré [s]on humeur, [s]a voix d'encre » (fragment 194), pour se préserver du mal et de l'horreur, recueillir la beauté, recomposer « les infinis visages du vivant » (fragment 83), affirmer une constance morale et dire les « mots essentiels » à l'homme (fragment 178).

Cependant, au-delà des circonstances, l'esthétique du fragment est aussi assumée comme telle par René Char. La parole elliptique et disséminée s'oppose au discours dogmatique, à la réflexion articulée : « L'apparence fragmentaire du récit montre l'allergie de René à toute rhétorique, à ces transitions, introductions et explications qui sont le tissu intercalaire de tout corps de récit normalement constitué ; ne subsistent, séparées, que les parties vives. » (VEYNE P., *René Char en ses poèmes*, Paris, Gallimard, coll. « Tel », 1995, p. 208) C'est au lecteur de développer ces « parties vives » et de faire le lien entre les différents fragments. En cela, les *Feuillets* offrent un témoignage peu commun de la Résistance, de son organisation et de ce qui anime ces hommes du maquis.

Mais il existe tout de même une certaine cohérence au-delà de l'alternance hasardeuse des fragments. Par exemple, les premiers affirment le refus de l'armistice, invitent à l'action, placée sous le signe de la Résistance et du courage, puis décrivent les caractéristiques de chacun des camps en présence (les collaborateurs au fragment 8 ; les résistants aux fragments 4, 9, 11). De même, de nombreux fragments fonctionnent ensemble ou se font écho. Il en va ainsi des fragments 97 et 98, le premier narrant un parachutage nocturne lesté par avion, le second développant l'image, par glissement métaphorique, de « la ligne de vol du poème ». D'autres semblent regroupés autour d'un thème (réflexions par touches sur le temps du fragment 23 au fragment 29, par exemple).

Si la structure en fragments peut dérouter le lecteur, des thématiques apparaissent et se répondent au fil des poèmes, créant ainsi une impression d'unité par-delà le morcèlement. Il s'agit d'entrer dans un univers où chaque petit texte est un monde en soi avec son style d'écriture, parfois poétique, parfois descriptif, et les obsessions du poète.

LA RÉSISTANCE HUMANISTE

René Char indique que « ces notes marquent la résistance d'un humanisme conscient de ses devoirs » (p. 7). Le recueil semble s'inscrire dans la droite ligne de la pensée camusienne, celle du choix de la révolte humaniste en réaction à l'absurdité du monde : « Si l'absurde est maître ici-bas, je choisis l'absurde, l'antistatique » (fragment 174), dit le poète qui se situe dans une résistance entière, absolue (« Je n'écrirai pas de poèmes d'acquiescement », fragment 114) et qui n'a d'autre fin qu'elle-même (« Être du bond. N'être pas du festin, son épilogue », fragment 197). C'est dans le « bond » que l'homme s'accomplit, qu'il construit sa liberté.

Et de fait, René Char, lucide, a pris ses distances dès la Libération, a refusé le « festin » : « Je redoute l'échauffement tout autant que la chlorose des années qui suivront la guerre » (fragment 220) dit-il, déplorant le gâchis des valeurs et des espoirs de la Résistance, l'arrivisme politique, l'oubli et le mensonge établis par raison d'État.

Dans le recueil, les registres de l'éloge et du blâme caractérisent tour à tour les acteurs de l'époque. Les valeurs humanistes sont incarnées par les résistants : le courage, le sens de la vérité et de la justice, l'intégrité et la droiture, l'amitié, la liberté (« À tous les repas pris en commun, nous invitons la liberté à s'asseoir », fragment 131), etc. De plus, ces hommes vivent en harmonie avec la nature qui les protège et ils prennent encore le temps de s'émerveiller de sa beauté, quelques secondes de paix absolue loin des horreurs de la guerre.

À l'opposé, les collaborateurs sont soumis aux « instances du mensonge et du mal » (fragment 8) et les « saltimbanques » (fragment 65), soit les résistants sans véritable éthique, sont des « coqs du néant » (*ibid.*) qui récupèreront par opportunisme les valeurs de la Résistance à la Libération.

L'INSTAURATION D'UNE « CONTRE-TERREUR » : LA NATURE

Le poète doit affronter chaque jour l'oppression et la terreur (la torture [fragment 99] ; la mort des êtres chers, la « chasse perpétuelle » [fragment 22] que mènent contre eux les Allemands). Face à cela, la poésie cherche à instaurer une contreterreur.

Le fragment 141 donne un visage à cette contreterreur, qui se déploie dans la sensualité d'une communion avec la nature : « La contre-terreur, c'est ce vallon que peu à peu le brouillard comble, c'est le fugace bruissement

des feuilles comme un essaim de fusées engour-
dies, [...] c'est l'ombre, à quelques pas, d'un bref
compagnon accroupi... » À la source de la poésie
comme de la contreterreur se trouve la nature
et, inséré dans son écrin protecteur, le combat
fraternel des résistants. La nature aide à résister,
réconforte le poète par sa douceur, sa beauté,
son engourdissement protecteur. De fait, dans le
recueil, la nature a deux dimensions :

- le cadre géographique réel dans lequel
  évoluent les maquisards (les toponymes de
  lieux sont nombreux : « Fontaine-la-pauvre,
  fontaine somptueuse » [fragment 122],
  « Céreste » [fragment 138], « Vachères »
  [fragment 99], « Forcalquier » [fragment 17] ;
  la faune et la flore de la région sont également
  longuement évoquées, etc.). À noter que les
  fragments consacrés à l'action concrète ne
  sont pas dépourvus de travail poétique sur le
  langage (lors de la scène de torture à Vachères,
  le toponyme donne lieu à un jeu poétique,
  lorsqu'il est déployé par anagramme dans le
  verbe « achever », par exemple) ;
- l'espace métaphorique, l'espace de création,
  source d'images poétiques (« les monts enra-

gés » [fragment 142], « les oliviers batailleurs » [fragment 82], etc.) dans lequel se réfléchit et s'épanche le maquisard.

La frontière entre le concret et l'abstrait, entre l'homme et la nature s'efface : le chant du rouge-gorge fait s'ébouler des souvenirs (fragment 33), « une étroite affinité existe entre le coucou et les êtres furtifs » (fragment 159), l'arôme des fleurs répond aux larmes (fragment 109), etc. La nature fait respirer « l'imagination dévastée » (fragment 52), nourrit la parole poétique sur le point de s'éteindre. Elle est salvatrice, source de poésie, et donc de beauté.

Les deux fragments qui se rapportent à l'exécution de Roger Bernard (fragments 138 et 146) sont à ce titre révélateurs, d'autant qu'ils sont précisément séparés par le fragment 141 sur la « contre-terreur ». Le premier relate l'évènement concret qui s'inscrit dans le cadre géographique réel : « J'ai assisté, distant de quelques mètres, à l'exécution de B. [...]. Nous étions sur les hauteurs dominant Céreste. » (fragment 138)

Le second décrit le lieu de sa mort, parmi les tournesols et au pied d'un vieux murier : « La sécheresse courbait la tête des admirables, des insipides fleurs. C'est à quelques pas de là que son sang a coulé, au pied d'un vieux mûrier, sourd de toute l'épaisseur de son écorce. » (fragment 146) On voit ici le passage de la terreur à la contreterreur, de la brutalité de l'évènement à la douceur du tombeau naturel improvisé. La nature accueille, recueille l'homme contre la terreur. La poésie conjure et atténue l'horreur, soutient la beauté dans son effort pour perdurer au cœur de la nuit. Le dernier fragment érige d'ailleurs la beauté en valeur suprême : « Dans nos ténèbres, il n'y a pas une place pour la Beauté. Toute la place est pour la Beauté. » (fragment 237)

ÉLÉMENTS POUR UNE ANALYSE : L'EXEMPLE DU FRAGMENT 178

Le recueil *Feuillets d'Hypnos* est composé de multiples fragments de longueur inégale, certains sont composés de quelques mots, d'autres de plusieurs petits paragraphes. Parmi les plus longs, le fragment 178 est un extrait qui illustre à la fois les conditions d'écriture, la poétique et les thèmes chers à René Char.

Le poème commence par une allusion à la reproduction d'un tableau que Char a exposé lui-même dans son repaire de Céreste, Job raillé par sa femme (vers 1650) de Georges de La Tour (peintre français, 1593-1652). Il a découvert le tableau en 1934 lors d'une exposition consacrée aux « Peintres de la réalité » organisée à l'Orangerie, à Paris. À ce moment-là, le tableau est encore intitulé *Le Prisonnier*, titre utilisé par René Char. Dans une perspective encore toute descriptive, réaliste, le poète précise encore que le mur sur lequel figure la reproduction est un « mur de chaux », typique de la Provence.

JOB RAILLÉ PAR SA FEMME

L'œuvre du peintre représente une femme vêtue d'une robe rouge, d'un bonnet et d'un tablier blancs. Elle est debout et se penche vers un homme assis sur un tabouret, torse nu et portant une longue barbe. La seule source de lumière du tableau provient de la bougie qu'elle porte dans sa main droite. La femme semble parler à l'homme, qui l'écoute avec attention.

Puis, glissant progressivement dans un registre plus imagé, poétique, René Char évoque pour la première fois l'importance de la lumière à travers la chandelle tenue par le personnage féminin, seule source de clarté du tableau. Celle-ci réunit les deux silhouettes dans un halo lumineux qui les fait émerger des ténèbres environnantes. Or, dans les *Feuillets d'Hypnos*, l'obscurité est assimilée au nazisme et à l'obscurantisme, tandis que le soleil, universel, incarne l'espoir.

Encore, selon René Char, les paroles que prononce la femme appartiennent au « Verbe » qui, écrit avec une majuscule, renvoie à la Bible et à la fonction créatrice : « Le Verbe de la femme donne naissance à l'inespéré mieux que n'importe quelle aurore. » De fait, d'après l'Évangile selon saint Jean, le Verbe était là au commencement de toute chose. Il fait naitre la vie, la lumière, mais surtout l'espoir dont l'homme a besoin face à l'obscurité.

Dès lors, aux yeux du poète, « le rouge de la robe devient une figure de l'aurore, c'est-à-dire une reconquête du feu et de la lumière du soleil en tant que soleil naissant et dont le caractère naissant est comme redoublé par la métaphore christique du Verbe né de la femme » (MARTY É., *L'Engagement extatique*, Houilles, éditions Manucius, coll. « Le Marteau sans maître », 2008, p. 64). En outre, nous retrouvons ici l'influence des surréalistes pour qui la femme est une intermédiaire, une initiatrice. D'ailleurs, dans *Seuls demeurent* (autre recueil de poèmes, 1945), l'auteur de *Feuillets d'Hypnos* la compare d'ailleurs déjà à un « médium illimité » (CHAR R., *Fureur et Mystère*, Paris, Gallimard, coll. « Poésie », 1967, p. 51).

Enfin, quant à la forme, René Char adopte pour ce poème une structure circulaire. En effet, il a d'abord évoqué la situation du maquis et des réfractaires avant de se concentrer sur les personnages du tableau puis, pour cette dernière phrase, il fait le lien entre le clair-obscur de Georges de La Tour et le travail des Résistants face à la barbarie nazie : « Reconnaissance à Georges de La Tour qui maîtrisa les ténèbres hitlériennes avec un dialogue d'êtres humains. »

Pour Jean-Michel Maulpoix, c'est le signe de ralliement, « la Résistance a sa figure : la lampe allumée qui veille [...] c'est au sein même de l'obscurité et dans la profusion des apparences sensibles que la vérité se tient éveillée » (Fureur et Mystère *de René Char*, Paris, Gallimard, coll. « Folio », 1996, p. 35). Le fragment s'achève sur la réaffirmation de la confiance du poète en la capacité de l'homme à maitriser l'obscurité.

René Char aborde dans son recueil de poèmes *Feuillets d'Hypnos* des thématiques chères à son cœur : l'amitié, la résistance face à la dictature, sa Provence natale, qu'il développe dans des petits textes qui sont comme autant de petits moments de poésie arrachés à la peur et au froid du maquis.

Les *Feuillets d'Hypnos* de René Char ont été mis en scène par Frédéric Fisbach (metteur en scène français, né en 1966) pour l'édition 2007 du Festival d'Avignon dans la cour d'honneur du palais des Papes, évènement que le poète avait contribué à créer. Il s'agissait de rendre hommage à René Char l'année du centenaire de sa naissance.

PISTES DE RÉFLEXION

QUELQUES QUESTIONS POUR APPROFONDIR SA RÉFLEXION...

- Tentez d'établir un classement parmi les 237 fragments en identifiant les grandes thématiques développées par l'auteur.
- Quelle relation pouvez-vous établir entre le capitaine Alexandre et Hypnos ?
- Citez les noms des compagnons de René Char. Comment le poète les représente-t-il ?
- Citez trois fragments narratifs. Comment sont-ils construits ? Quel est leur rôle au sein du recueil ? À quelle intention répondent-ils ?
- Les fragments répondent-ils à la vision que vous avez de la poésie ? Selon vous, où réside la poésie dans l'écriture de ce recueil ?
- La métaphore de la nuit parcourt tout le recueil. Expliquez-la.
- Expliquez les circonstances historiques dans lesquelles ont été écrits ces feuillets. En quoi en ont-elles influencé l'écriture ?
- Quelles sont les valeurs défendues par la

Résistance selon René Char ?

- Qu'est-ce que la « contreterreur » ? Sous quelles formes se développe-t-elle dans le recueil ?
- Quel(s) parallèle(s) peut-on établir entre les *Feuillets d'Hypnos* et le tableau de Georges de La Tour, *Le Prisonnier* ?

Votre avis nous intéresse !
Laissez un commentaire sur le site de votre
librairie en ligne
et partagez vos coups de cœur sur les réseaux
sociaux !

POUR ALLER PLUS LOIN

ÉDITION DE RÉFÉRENCE

- CHAR R., *Feuillets d'Hypnos* (1943-1944), in *Fureur et Mystère*, Paris, Gallimard, coll. « Folioplus classiques », 1962, 234 p.

ÉTUDES DE RÉFÉRENCE

- CAMUS A., *Essais*, Paris, Gallimard, coll. « Bibliothèque de la Pléiade », 1965.
- CHAR R., *Œuvres complètes*, Paris, Gallimard, coll. « Bibliothèque de la Pléiade », 1983.
- CHAR R., *Fureur et Mystère*, Paris, Gallimard, coll. « Poésie », 1967.
- Dossier sur *Feuillets d'Hypnos*, in *Feuillets d'Hypnos*, Paris, Gallimard, coll. « Folioplus classiques », 2007.
- MARTY É., *L'engagement extatique*, Houilles, éditions Manucius, coll. « Le Marteau sans maître », 2008.
- MAULPOIX J.-M., Fureur et Mystère *de René Char*, Paris, Gallimard, coll. « Folio », 1996.
- VEYNE P., *René Char en ses poèmes*, Paris,

Gallimard, 1995.

MALRAUX
- La Condition humaine

MARIVAUX
- La Double Inconstance
- Le Jeu de l'amour et du hasard

MARTINEZ
- Du domaine des murmures

MAUPASSANT
- Boule de suif
- Le Horla
- Une vie

MAURIAC
- Le Nœud de vipères

MAURIAC
- Le Sagouin

MÉRIMÉE
- Tamango
- Colomba

MERLE
- La mort est mon métier

MOLIÈRE
- Le Misanthrope
- L'Avare
- Le Bourgeois gentilhomme

MONTAIGNE
- Essais

MORPURGO
- Le Roi Arthur

MUSSET
- Lorenzaccio

MUSSO
- Que serais-je sans toi ?

NOTHOMB
- Stupeur et Tremblements

ORWELL
- La Ferme des animaux
- 1984

PAGNOL
- La Gloire de mon père

PANCOL
- Les Yeux jaunes des crocodiles

PASCAL
- Pensées

PENNAC
- Au bonheur des ogres

POE
- La Chute de la maison Usher

PROUST
- Du côté de chez Swann

QUENEAU
- Zazie dans le métro

QUIGNARD
- Tous les matins du monde

RABELAIS
- Gargantua

RACINE
- Andromaque
- Britannicus
- Phèdre

ROUSSEAU
- Confessions

ROSTAND
- Cyrano de Bergerac

ROWLING
- Harry Potter à l'école des sorciers

SAINT-EXUPÉRY
- Le Petit Prince
- Vol de nuit

SARTRE
- Huis clos
- La Nausée
- Les Mouches

SCHLINK
- Le Liseur

SCHMITT
- La Part de l'autre
- Oscar et la
  Dame rose

SEPULVEDA
- Le Vieux qui
  lisait des romans
  d'amour

SHAKESPEARE
- Roméo et Juliette

SIMENON
- Le Chien jaune

STEEMAN
- L'Assassin
  habite au 21

STEINBECK
- Des souris et
  des hommes

STENDHAL
- Le Rouge et
  le Noir

STEVENSON
- L'Île au trésor

SÜSKIND
- Le Parfum

TOLSTOÏ
- Anna Karénine

TOURNIER
- Vendredi ou
  la Vie sauvage

TOUSSAINT
- Fuir

UHLMAN
- L'Ami retrouvé

VERNE
- Le Tour
  du monde
  en 80 jours
- Vingt mille
  lieues sous
  les mers
- Voyage au
  centre de
  la terre

VIAN
- L'Écume des jours

VOLTAIRE
- Candide

WELLS
- La Guerre des
  mondes

YOURCENAR
- Mémoires
  d'Hadrien

ZOLA
- Au bonheur
  des dames
- L'Assommoir
- Germinal

ZWEIG
- Le Joueur
  d'échecs

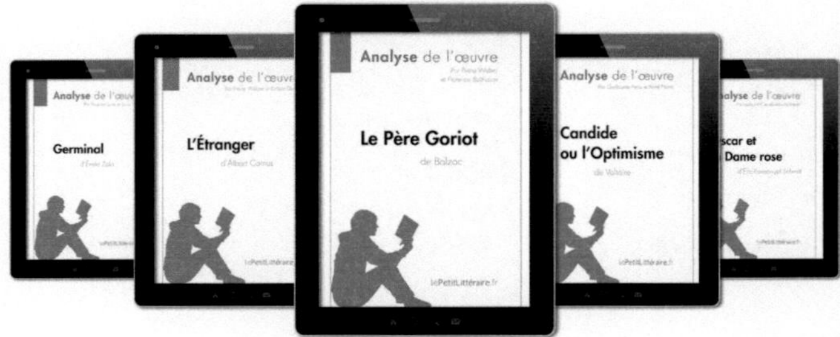

DUMAS
- Les Trois Mousquetaires

ÉNARD
- Parlez-leur de batailles, de rois et d'éléphants

FERRARI
- Le Sermon sur la chute de Rome

FLAUBERT
- Madame Bovary

FRANK
- Journal d'Anne Frank

FRED VARGAS
- Pars vite et reviens tard

GARY
- La Vie devant soi

GAUDÉ
- La Mort du roi Tsongor
- Le Soleil des Scorta

GAUTIER
- La Morte amoureuse
- Le Capitaine Fracasse

GAVALDA
- 35 kilos d'espoir

GIDE
- Les Faux-Monnayeurs

GIONO
- Le Grand Troupeau
- Le Hussard sur le toit

GIRAUDOUX
- La guerre de Troie n'aura pas lieu

GOLDING
- Sa Majesté des Mouches

GRIMBERT
- Un secret

HEMINGWAY
- Le Vieil Homme et la Mer

HESSEL
- Indignez-vous !

HOMÈRE
- L'Odyssée

HUGO
- Le Dernier Jour d'un condamné
- Les Misérables
- Notre-Dame de Paris

HUXLEY
- Le Meilleur des mondes

IONESCO
- Rhinocéros
- La Cantatrice chauve

JARY
- Ubu roi

JENNI
- L'Art français de la guerre

JOFFO
- Un sac de billes

KAFKA
- La Métamorphose

KEROUAC
- Sur la route

KESSEL
- Le Lion

LARSSON
- Millenium 1. Les hommes qui n'aimaient pas les femmes

LE CLÉZIO
- Mondo

LEVI
- Si c'est un homme

LEVY
- Et si c'était vrai…

MAALOUF
- Léon l'Africain

www.lepetitlitteraire.fr

ISBN version numérique : 978-2-8062-1939-8
ISBN version papier : 978-2-8062-1085-2
Dépôt légal : D/2017/12603/847

Avec la collaboration de Johanna Biehler pour les encadrés sur « La Résistance » et « Alexandre », ainsi que pour les chapitres « Contexte artistique et littéraire », « La dédicace » et « Éléments pour une analyse : l'exemple du fragment 178 ».

Conception numérique : Primento,
le partenaire numérique des éditeurs.

Ce titre a été réalisé avec le soutien de la Fédération Wallonie-Bruxelles, Service général des Lettres et du Livre.